PRIMEIRO TEMPO

Signos 18

Coleção Signos	Dirigida por Haroldo de Campos
Supervisão Editorial	J. Guinsburg
Assessoria Editorial	Plinio Martins Filho
Capa e Projeto Gráfico	Adriana Garcia
Disposição do Original	Marco Mancini
Produção	Ricardo Neves
Composição e Filmes	Studio Grieco

PRIMEIRO TEMPO

RÉGIS BONVICINO

Reunindo os livros: *Sósia da Cópia*, *Régis Hotel* e *Bicho Papel*.

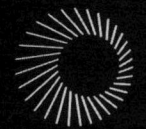

EDITORA PERSPECTIVA

Copyright © Editora Perspectiva, 1995

Dados Internacionais de Catalogação na Publicação (CIP)
(Câmara Brasileira do Livro, SP, Brasil)

Bonvicino, Régis
  Primeiro tempo / Régis Bonvicino. – São Paulo :
Perspectiva, 1995. – (Signos ; v.18)

ISBN 85-273-0070-2

1. Poesia brasileira   I. Título.   II. Série.

95-3516   CDD-869.915

Índices para catálogo sistemático
  1. Poesia : Século 20 : Literatura brasileira
     869.915
  2. Século 20 : Poesia : Literatura brasileira
     869.915

Direitos reservados à
EDITORA PERSPECTIVA S.A.
Avenida Brigadeiro Luís Antônio, 3025
14015-000 — São Paulo — SP — Brasil
Fone: (011) 885-8388
Fax: (011) 885-6878
1995

... fica sempre um pouco de tudo
Às vezes um botão. Às vezes um rato

CARLOS DRUMMOND DE ANDRADE
"Resíduo"

SUMÁRIO

sósia da cópia

- 15 quando se lê
- 16 fazer turismo
- 17 animal
- 18 não há saída
- 19 pratos sujos
- 20 retrato falado
- 21 passar
- 22 rolava na cama
- 23 oswald de andrade
- 24 o provérbio latino
- 25 do noticiário
- 26 a cor não faz coro
- 27 a primavera se imagina
- 28 a passo de tartaruga
- 29 tâmaras
- 30 furta cor
- 31 o céu
- 32 fio de esperança
- 33 vida, paixão e praga de rb
    - o papel nu
    - meu pai
    - pássaro sem asa
    - um ornato
    - utopia
    - mini litania
    - para que
    - ates mes esatxê

42 o vidro índigo na relva
43 the indigo glass in the grass
44 a morte
45 in vino veritas
46 o poeta
47 faquir
48 queimas de arquivo
49 Borges, também ficção?
50 nada a declarar
51 últimas palavras

régis hotel

57 apesar do cheiro de
58 tirando o
59 limina
60 duda veio
61 não sejam tolos
62 o que há
63 são paulo
64 nhê
65 oO
66 vamos destruir a máquina?
67 esse
68 poema
69 tinha um

bicho papel

- 73 eu queria
- 74 ?avolho
- 75 inquietude
- 76 metaforagir-se
- 77 ora direi
- 78 poema resposta comercial
- 79 mudar
- 80 horready mades
- 85 bicho papel

o poeta em um posfácio

- 89 a invenção da cópia como criação – *Duda Machado*

três faces

- 95 fino desenho – *Paulo Leminski*
- 97 régis hotel: começando por cima – *Paulo Leminski*
- 103 lírica metálica – *Otávio Frias Filho*

SÓSIA DA CÓPIA

1978 / 1983

QUANDO SE LÊ

quando se lê
provas de um livro
(coleção de poemas)
imagina-se
um outro
como se diz
o próximo
imagina-se
palavras
ou não

a erosão do tesão
nuvem
prova
ferrugem
imagina-se

errata
o próximo

onde se lê "x"
leia-se

ato ou efeito
da palavra óxido

FAZER TURISMO

    fazer turismo   por ilhas
    palavras   o sol

    de sun king   ou
    ainda o ar de you got   me
    floatin'   lugar
    por onde se   vai
    com risco   de não
    voltar e céus

                                um istmo
    amarilis   ao pé de
    uma   sibipiruna
    em frente   ao prédio

                                um mínimo

animal

cidade

lamina

pedras

em carne

viva

não há saídas

só ruas viadutos avenidas

PRATOS SUJOS

para caetano veloso

lavar pratos sujos
na pia da cozinha
(depois do almoço)

limpos

minha alma

RETRATO FALADO

retrato falado

procura

do mais exato

que em mim

está calado

1

passar
a tarde

esperar
telefonema

adiar

mais um poema

2

rolava na cama

(com quem

        chama)

leve

(me leve)

e dizia com as
pernas

até breve

oswald de andrade
sugere
no manifesto antropofágico
(ó lua nova)
a idéia de um

mundo não datado
minuto mútuo
tempo composto
gema gêmea
de um outro

O PROVÉRBIO LATINO

o provérbio latino
ferrum natare doces
(ensinar
ferro a nadar /
querer
o impossível)
tornou-se

com a máquina a vapor de watt
letra
morta

deixando
galeras e caravelas
mar e rio

a ver navios

DO NOTICIÁRIO

me

gua de

migo

rigo

corro

me

e ringo

ondas do

vigo

querem a

co

Grial-Revista Galega de Cultura, que se edita em VIGO (Galiza, Espanha), sob a direção de Xosé Landeira Yrago, estampa em seu último número artigo intitulado "Ollando Constitutións: As línguas Minoritárias", de Cláudio G. Pérez. A questão é atual não só na Espanha como em toda a Europa (e vai ser colocada, em breve, na África, na Ásia e na América Latina), relacionando-se com os movimentos separatistas. Pérez afirma, ao analisar a situação espanhola, que a Constituição de 1978 adotou o castelhano como IDIOMA OFICIAL e cita um decreto real que desde 1902 proibiu as falas autóctones minoritárias na rede de escolas do poder central com a explicação de que "não é possível nem se considera justo exigir de um mestre, que estudou em castelhano, que aprenda os dialetos para lecionar em território espanhol".

nina a lín

seu a

corre pe

peça so

cha

john paul george

mar de

cabar

migo

1

      a cor não faz coro e
      o sol só futuro

      guerra   de   folhas
      fria   a grama
      rala   e magra

      verde
      de um outro   dia

2

a primavera se imagina

eco de cores   imã

3

a passo de tartaruga
e essa ruga
não se dobra

4

tâmaras
na boca
e a imaginação

trama
um hiato
de água

FURTA COR

use such color to tint your absent thoughts

a cor furta
cor

a cor em desacordo com a
luz

a cor que existe na palavra
flor

o tipo de cor que não existe por si
mas só entre dois objetos em
movimento

a cor que pinta por um momento
num objeto em movimento

a cor que só acontece quando movimentos
cortam o ar
de certa forma e corre

a cor oca
por dentro

o céu
não cai

do céu

FIO DE ESPERANÇA

para haroldo de campos

entre

figuras

de marketing

fulgura

ainda

a palavra

álacre

VIDA, PAIXÃO E PRAGA DE RB

1

o papel nu
a cabeça na lua
a palavra
carne
louca de pedra
fora de órbita
NACRE

2

       meu pai   um self made man
                                         vivo

       minha mãe   alva flôr
       matou-se   de suicídio

       eu   único filho   fiz
       da   antipoesia   de mim

                                    meu exílio

3

pássaro sem asa
corpo sem cor
palavra sem pala
primeiro amor sem rima
música sem musa
cinema sem cena
diário sem dia
vocabulário sem boca
néctar sem etc

4

    um ornato
    um jeito de gato

    uma bomba de átomo
    uma flor de cacto

    um batom vermelho
    um olhar de espelho

    uma foto em alto contraste
    uma lâmpada de 1000 quilowatts

    um vinho tinto cabernet franc
    um ready made de marcel duchamp

5

UTOPIA
"you are the top"

6

mini litania
da lua cheia

cartão postal
do sideral

hotel de granito
do infinito

velho umbigo
do nihil antigo

go go girl
dos ídilios do céu

última hóstia
de nossa história

porto aéreo
de novos mistérios

"lunes en détresse"
EUA ou URSS?

em prosa e verso
sucata do universo

7

para que
fazer poesia?

se em mim

diabo
de rabo entre as pernas
que arromba
portas abertas

se em mim

fio e pavio
do óbvio

epígono sim
"inocente" inútil

dilutor

com todas as letras

caixinha de eco
menino de recados

robô abobado

malhador
de pó refinado

em vez de ácido
água com açúcar
em vez de cabelo
peruca

língua de fogo
de palha
que não fala nem cala
falso alarma

por que
a necessidade?

por que
poesia?

se sou

personagem de bijouteria
palavra de segunda mão
tradução da tradução da tra

"no soy nada
nunca seré nada
no puedo
querer ser nada"

mera praga

8

ates mes esatxê

O VIDRO ÍNDIGO DA RELVA

Qual é a real –
Esta garrafa de vidro índigo na relva,
Ou o banco com vaso de gerânios, o colchão
manchado e o macacão lavado secando ao sol?
Qual destes contém na verdade o mundo?

Nenhum dos dois, nem os dois juntos.

THE INDIGO GLASS IN THE GRASS*

Which is real –
This bottle of indigo glass in the grass,
Or the bench with the pot of geraniums, the
[stained mattress and the washed overalls
[drying in the sun?
Which of these truly contains the world?

Neither one, nor the two together.

* Wallace Stevens.

A MORTE

a morte:
vitalícia!
(a vida)

a vida:
– trocada em miúdos –
carniça

IN VINO VERITAS

na zurrapa, a
verdade

exemplo
sabra e chatila
assassinato de john
lennon
política

na zurrapa, a
verdade

a verdade
é filha do tempo
ou da autoridade?

que é a verdade?

o vinho dos dias
ou o pó e a sombra da
realidade?

O POETA

o poeta
um dedo duro
do real?

deve meter
o dedo em tudo?

primeira vítima
a verdade

o real
a realidade?

o poeta
um cara cheio de dedos?

um rival
do real?

deve tocar
o dedo na ferida?

o inferno?

entre o anular e o
indicador
o dedo médio?

faquir
do aqui

planeta

ovo
gorado
do agora

poeta

queimas de arquivo
pão e
punks
brincos
de arame
mundo político
sangue
uma poça rasa
(toneladas de lixo)
palavras

BORGES, TAMBÉM FICÇÃO?

Buenos Aires – Jorge Luís Borges, o polêmico escritor argentino, não existe e é apenas um produto de ficção criado por um grupo de intelectuais argentinos, entre eles Leopoldo Marechal (já falecido), Adolfo Bioy Casares e Manuel Mujica Lainez. E mais: o ator de origem italiana Aquiles Scatamacchia todo esse tempo representou o personagem de Borges. Pelo menos essa é a "revelação" divulgada agora por uma revista argentina, de tendência nacionalista e direitista, Cabildo, em seu número de julho.
Segundo a insólita "teoria", o problema apareceu para os criadores de Borges quando as obras que lhe foram atribuídas começaram a tornar-se conhecidas nos centros literários internacionais. Os "conspiradores", segundo a revista, teriam recorrido a "segredos maçônicos" para manter as aparências, com a ajuda do ator Scatamacchia, – "um velho canastrão de segunda categoria", observa a revista.
O engodo, afirma Cabildo, já seria de conhecimento de membros da Academia Sueca, encarregada de outorgar o Prêmio Nobel de Literatura, e é por esse motivo que o escritor argentino nunca conseguiu recebê-lo, apesar de ser uma espécie de eterno candidato. A revista compara, ainda, a "criação" do "falso Borges" ao surgimento de Frankenstein, o personagem das histórias de terror.
Na verdade, Jorge Luís Borges, agora com 81 anos de idade, e cego há vinte e cinco, publicou seu primeiro livro em 1923 (*Fervor*) mas sua fama cresceu com as edições *A História Universal da Infâmia*, em 1935, *Ficções*, em 1944, e *Aleph*, em 1949. Até 1955, ele foi diretor da Biblioteca de Buenos Aires, onde se aposentou por ter perdido a visão.

nada a declarar

Retrato do futurista português Ângelo de Lima.

ÚLTIMAS PALAVRAS

para sebastião uchoa leite

fernando pessoa
morreu
de nó na tripa
(obstrução intestinal)
no dia 30 de novembro de 1935
"o que minava
o espírito de fernando
era uma necessidade de busca"
declarou
em março de 1980
(45 anos depois)
sua irmã
dona henriqueta madalena nogueira dias

não se sabe
quais foram suas últimas palavras
em português

sá-carneiro
auto denominado
o esfinge gorda
filho
único
do engenheiro
carlos augusto de sá-carneiro
e de dona ângela maria murinello de
sá-carneiro
após telegrafar
no dia 4 de abril de 1916
a fernando pessoa
anunciando-lhe
a desistência de suicídio
"perdoe
todos os sustos
que o fiz
passar"
matou-se
no dia 26
desse mesmo mês
no hotel nice
em paris

faria 26 anos
no dia 19 de maio

numa carta
datada de 8 de janeiro
desse mesmo ano
endereçada ao mesmo pessoa
encontram-se
estas palavras
"o meu estado psicológico
continua a mesma caçarola rota"

suas últimas palavras
poderiam ter sido
hoje
falho de mim
sou

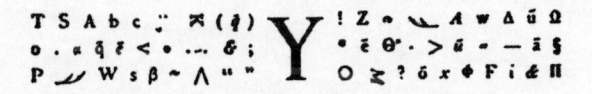

T S A b c ¨ ⋅ ⊼ (∮)   Y   ! Z ∘ ⌣ ∧ w Δ ü Ω
o . « ∮ ? < ∘ ... & ;   • ε Θ · > ü ∼ − ã §
P ⌒ W s β ∼ ∧ " "   O ʒ ? σ x ♦ F i ∉ ∏

a sós.

RÉGIS HOTEL

1975 / 1978

APESAR DO CHEIRO DE

Apesar do cheiro de–   –que todos sentiam há já uma meia hora, jean claude baker, o mestre de cerimônia, não interrompeu a apresentação do show. A casa estava lotada e nenhum dos 142 espectadores parecia se preocupar. O pânico só começou quando–   –surgiu por trás do cenário onde a companhia francesa encenava a revista de travestis "zoo", trazida a New York de Paris. Segundo depois as–   –chegavam às instalações elétricas, apagando as luzes. Seis pessoas morriam. Testemunhas diriam mais tarde que um dos motivos da confusão e das mortes pode ter sido o longo intervalo antes que as pessoas percebessem a existência de–   –. Eram duas e meia da madrugada quando o–   –chegou ao salão, mas desde as duas já havia–   –em algum lugar, não se sabe onde, confessou Baker. Os seis mortos não puderam ser identificados.

TIRANDO O

tirando o
de tudo voce obtera disposiçoes moveis varias
sabias liquidas assim estara buscando uma situaçao
de fato viver colocando as palavras num veiculo
intimo pratico mais sonoro voce ira destruir o
superfluo revolver tudo como diafora sol
tentando tambem criar liberdade pois fazer o
capitulo distintivo desse enredo no
possibilita o estabelecimento de uma relaçao
vera permitindo uma analise mais nitida ou o consolo de um
medo maior

limina

spaço

nteriore

osteriore

empo

bsoluto

onhecimento

bsoleto

ria

nformaçã

rigina

lumina

DUDA VEIO

duda veio de brasília
veio no tapa
sem grana nem mapa
o cabelo crespo cresceu
na viagem
ele dizia vem cara
vamos transar essa miragem

rogério nunca teve parada
um ponto aqui um pé ali
na barra pesada
e dizia vem cara

paulete teve uma crise
e virou homem
como já se chamava carlos
nem mudou de nome
e dizia vem cara

lou se amarrava num talco
à noite no medieval dançava dançava
era um grande palco
e dizia vem cara vem

chico falava o dia todo
em nova consciência
o planeta precisa mesmo é de muita penitência
e dizia vem cara vem

marcelo queria ser poeta
escrevia escrevia mas não era o mickey
era somente o pateta
e dizia vem cara vem

não sejam tolos!
a verdadeira
linguagem cifrada

é a dos homens escada
que sobem na vida
sem dizer nada

O QUE HÁ

    o que há   o que há   o que há
    de alegria   de utopia   de utopia
    na poesia   na poesia   na poesia

    alegra   alegra   alegra
    desperta   desperta   desperta

    os signos   os signos   os signos
    a utopia   a alegria   a poesia

são paulo
do teu passado tupi
só resta
o rápido som
da palavra aqui

NHÊ

Nhê. As putas fazem ponto na porta do chega. Nhê. O brasirick canta. O brasilodge olha. O brasivette buzina. Nhê. cemitério da Consolação. O brasiwagem cel freia. O brasiliat acena. O brasiTodos perguntam quanto é a chupadinha.

oO

oO sSilLêÊnNcCiIoO

gGrRiItTaA pPaAarRaA

oO oOlLvViIdDoO

eExXpPeErRiImMeEnNtTeE

oO aAbBsSuUrRdDoO sSoOmM

dDeE uUmMaA cCiIdDaAdDeE

VAMOS DESTRUIR A MÁQUINA?

ESSE

>	esse jeito
>	de meia-
>	armador
>	(cerebral
>	distante)
>
>	é pra disfarçar
>	a vontade
>	de ser
>
>	goleador
>	poeta
>	centro-avante

POEMA

poema
gole
de água
no escuro

o que se faz
animal ferido
tateando
o futuro

tinha um
caminho
no meio
da pedra
no meio
da pedra
tinha um

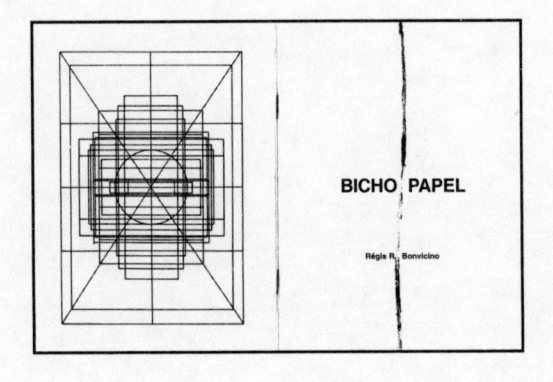

BICHO PAPEL

BICHO PAPEL

Régis R. Bonvicino

1973 / 1974

EU QUERIA

      eu queria
      uma poesia
      como um quarto branco
      quatro paredes
      oito cantos

?AVOLHO

?avolho
?av?lho
?av?l?o
?a??l?o
????l?o
??????o
???!???
???o??!

inquietude
inquietudo

METAFORAGIR-SE

metaforagir-se em vocúbulos
metoniminizar-se em hiatos
anacolutorcer-se em paragarfos
zeugmarchar na terra
pronomentir e achar tudo
uma onomautopia de sonhos
eufemismorar em cidades capóstrofes
mundiais tironias nacionais
pleonasmorrer de tédio
polissindetonar-se
em revoloções consultar as
condições atmosfeéricas a fim
de no bar da esquina babar
silepse-cola e ouvir um
hiperbolero para não antítesesperar

ORA DIREI

        certo
        no entanto em pranto
        desperto   aberto
        espanto   enquanto
        enquanto   espanto
        aberto   desperto
        em pranto   no entanto
        deserto

POEMA RESPOSTA COMERCIAL

não suje não suje
não dobre não dobre
não amasse não amasse

não suje não suje
não dobre não dobre
não amasse não amasse

caixa sentimental – nº 1973 – s. paulo – capital

MUDAR

mudar
se
a
coisa
são
não
homens
que
pensam
homens

.

homens
pensam
que
homens
não
são
coisa
a
se
mudar

horready mades

```
            ┌─────────────────────────┐
            │                         │
            │         área            │
            │                         │
            │          de             │
            │                         │
            │       segurança         │
            │                         │
            └─────────────────────────┘
                            poesia
```

cuidado

obstáculos

um poema

a 10 cms.

uma palavra

bicho papel

bicho papão

O POETA EM UM POSFÁCIO

A INVENÇÃO DA CÓPIA COMO CRIAÇÃO

A adesão mais ou menos estrita a uma poética existente costuma ser a primeira máscara de identidade de um poeta estreante. É no interior dessa orientação que seu talento se exerce e deve ser procurado; os dois primeiros livros de Régis Bonvincino não fogem a essa regra geral, mas trazem também a exceção constituída por seu talento diante da regra. *Bicho Papel* (1975) e *Régis Hotel* (1978) compartilham certos traços comuns, movem-se dentro de um repertório marcado pela experimentação com a linguagem, pelo remanejamento irônico de clichês de comunicação e por uma poética da visualidade (desde o aproveitamento pop dos quadrinhos aos gestos gráficos e à estruturação visual do poema, com um certo influxo do poema concreto).

Assim é que entre os poemas que mais se destacam no primeiro livro estão eu queria que não se inclui neste repertório geral (a exceção dentro da exceção) e metaforagir-se (a exceção dentro da regra), onde a deformação de vocábulos que expressam figuras de linguagem se une à referência a situações reais, provocando uma espécie de paródia do significado que parece ser o único meio de expressar esses próprios significados. Já em *Régis Hotel*, o repertório se amplia, com a presença marcante de inflexões de prosa e do registro coloquial nos poemas. Ao mesmo tempo a qualidade da poesia se afirma, quer na gesticulação gráfica de oO, quer em poema. Em Nhê, outro poema que se destaca, pode-se notar a fusão entre o tratamento inovador da linguagem, a dimensão da prosa e da fala. Há ainda neste livro um momento importante em que o poeta revela consciência do seu processo de criação e formação. Assim é que o poema sem título que inverte o famoso "no meio do caminho tinha uma pedra" adquire um sentido emblemático em relação a própria situação artística do poeta.

Sósia da Cópia (1983) foi recebido acertadamente como a cristalização do talento do poeta. Vale a pena observar, no entanto, que todos os elementos de composição já apontados continuam presentes neste livro, incluindo-se aí uma poética da visualidade de matriz pop (o conjunto de anúncios, camisetas, a inscrição do grafite urbano, excluídos da presente antologia). Esta marca de visualidade irá se transferir para um conjunto de poemas breves e se refinar em extrema concentração lírica (**a cor não faz coro, a primavera se imagina, a passo de tartaruga, tâmaras na boca, furta cor**). A desordem e o impasse urbanos já flagrados no livro anterior, são captados numa fórmula de precisão fulminante: "não há saídas/ só ruas viadutos e avenidas". Mas o núcleo do seu livro (que remete ao seu título) está composto pelo ciclo de poemas **vida paixão e praga de rb**, como já foi observado por Sebastião Uchoa Leite. Aqui surge uma trama de relações bastante cerrada, cuja arquitetura vale a pena decifrar. O trecho inicial mostra o poeta diante de seu trabalho: o segundo traz a exposição dolorosa de um momento biográfico, recortado com concisão brutal. A esta justaposição do "eu poético" ao "eu empírico", segue-se uma outra justaposição: os dois trechos seguintes são formados por séries enumerativas que se contrapõem, apresentando de forma objetivada uma cisão íntima. Depois, **mini-litania da lua cheia** põe de novo em cena o poeta, desta vez sob o signo de Jules Laforgue (**lunes en détresse**); a função deste trecho, no sentido narrativo e dramático, é preparar e justificar a litania final em que o poeta acusa a si mesmo de **epígono, inocente útil, cai-**

xinha de ecos. Os últimos versos citam Fernando Pessoa traduzido para o espanhol; o poeta retorna a "cena do crime" numa espécie de clímax irônico, reforçando assim sua elaborada peça de auto-acusação. Mas é justamente esse confronto direto e sem apelação com uma situação de emparedamento engendrada pelos poetas "copiados", que torna possível sua própria afirmação singular como criador. Nesse sentido, o poema últimas palavras (congregando Mário de Sá-Carneiro e Fernando Pessoa) funciona como uma espécie de epílogo.

Este mesmo processo se reitera com a ilusão de um poema de Wallace Stevens, ao lado de sua tradução, introduzindo e preparando dois outros poemas de RB: in vino veritas e o poeta. Tudo isto concorre para configurar não só uma estrutura bem tecida, como também uma poética bem constituída por um procedimento central claramente definido. Estrutura, procedimento central e poética que se prolongam em *Más Companhias* (1987): basta ler os poemas RB resolve ser poeta, más companhias, o poeta, não pode, balada. O âmbito desse posfácio, no entanto, se limita aos livros contidos nesse *Primeiro Tempo* e que contribuíram para fazer de Régis Bonvicino um dos autores mais importantes da poesia brasileira atual.

São Paulo, 31.3.95,
Duda Machado

TRÊS FACES
(DUAS RESENHAS E UM DEPOIMENTO)

FINO DESENHO

O autor deste livro é sósia daquele Régis Bonvicino, que publicou *Bicho Papel* em 1975 e *Régis Hotel* em 1978, feixes de poemas de forte construção e restrita circulação. Ou seria uma cópia?
Neste livro a poesia é uma discussão, viva e criativa, do próprio conceito de originalidade. O que é ser original? parece perguntar a lírica de Régis, ao longo de um elegante livrinho, onde desfilam espécimes de todas as formas da poesia brasileira mais recente. Lançando mão de todos esses recursos, a poesia de Régis questiona a originalidade, num livro uno e coeso, evitando a natural dispersão da maior parte dos livros de poemas, onde raramente existe uma idéia central como ímã. Como diz Régis:

> o céu
> não cai
> do céu

Toda vida da cultura é uma série contínua de traduções (*Sósia da Cópia* traz várias), empréstimos, heranças, débitos. O romantismo tentou ocultar esse fato por trás do mito do artista sem pai nem mãe, filho apenas de seu próprio gênio. Esse hiper-romantismo, que formou as vanguardas artísticas do início do século, exacerbou ainda mais a ênfase na originalidade criativa. A continuidade da cultura, porém, mostra que só pode haver originalidade contra um pano de fundo de elementos herdados, assimilados, traduzidos.
Na possibilidade dessa reflexão reside a profunda originalidade deste poeta, de alto nível de consciência profissional. Veja-se *Do noticiário*, onde, com uma notícia de jornal e uma cantiga de amigo, citando os Beatles, compõe um

extraordinário poema sobre a morte da língua galega, na Espanha.

Praticando o poema curto, característica de toda a sua geração, Régis leva-o a algumas perfeições, neste seu *Sósia da Cópia*. Como se percebe, estamos de uma poesia nada espontânea. Ainda bem. A espontaneidade em arte é sempre o resultado de um discurso automatizado. Não importa que Régis diga:

> não há saídas
> só ruas
> viadutos
> avenidas

Para poesias como a dele, sempre haverá saída.

Revista VEJA, 13 de julho de 1983,
Paulo Leminski

RÉGIS HOTEL: COMEÇANDO POR CIMA

Acaba de sair *Régis Hotel*, volume enfeixando os trabalhos mais recentes do poeta Régis Bonvicino, poesia nitidamente superior a maioria esmagadora dos redundantes livros de versos que continuam brotando por aí como lugares-comuns, repetindo cada vez mais o trivial variado de sempre, produção em série de poemas de feitura média, legibilidade média, sensibilidade mediana, meia criatividade. Do alto dos seus 23 anos, o hoteleiro Régis já tem o que olhar para trás. Além de um livreto de poemas *Bicho Papel*, editou três revistas de poesia *Poesia em Greve* (com Pedro Tavares de Lima e Lenora de Barros), *Qorpo Estranho* (com Julio Plaza) e *Muda* (com Antonio Risério), ninhos de metralhadora na linha de frente das tendências da poesia mais radical.

Na constelação de *Régis Hotel*, os hóspedes são estranhas estrelas mutantes; a "letra" duda veio (uma obra-prima), o pornô-ideograma nhê, o cartum gíria do poeta*, coisas instigantes, com gosto de chicletes e de sangue. Poesia no *Régis Hotel* é barra pesada.

Nasceu Jovem

Em 1975, Régis Bonvicino, então com 20 anos, publicava a plaquete *Bicho Papel*, numa edição mínima, de 3 centenas de exemplares. Nada de especial, até aí.

Em cada cidade brasileira (grande/média/pequena), Rio, São Paulo, Belo Horizonte, Porto Alegre, Salvador, Goiânia, Fortaleza, Recife etc., poetas de todas as idades edi-

---

* Poemas abandonados neste volume.

tam, de qualquer jeito, livros e livretos, álbuns, folhetos e panfletos com "poemas" (?). Que significa, em termos globais, essa produção, pequena em números, mas tenaz, persistente, intermitente mas incontrolável?

Subproduto do aumento dos índices de alfabetização, escolarização e universitarização (mais de 1 milhão de universitários) que acompanha a classemedianização e urbanização da sociedade brasileira, sob a égide de modelos *yankees* de produção e consumo?

Afinal, qualquer cidadão plenamente alfabetizado é um candidato a escritor. Últimos estertores de uma cultura logocêntrica e livromaníaca, afundando no oceano planetário das mensagens pluricodificadas, veiculadas pelos meios de massa, via eletricidade?

Essa produção significa tudo isso e alguma coisa a mais.

A precariedade artesanal desse produto oferece, felizmente, um contra/modelo, um anti/desenho, marginal ao sistema e ao mercado de função claramente crítica, ácida, desmistificadora. Mesmo sem querer. Seus efeitos colocam em cheque os valores da literatura editada, oficial e regularmente, por empresas e instituições.

Infelizmente, nas condições atuais do país, esses produtos, no plano da linguagem, são restos e refugo de jantares mais prósperos: uma salada de truques de Drummond com dicções de Neruda, saídas à la Cabral com as boas intenções do Violão de Rua, poesia beatnik e surrealismo.

Esse o território/mapa em que se move a nossa atual (assim chamada) poesia.

Não assim Régis Bonvicino.

Seu *Bicho Papel* arranca de outra fonte: as vanguardas dos anos 50/60 principalmente a Poesia Concreta, com Tropicália, a vertente mais fecunda da poesia (= fazer verbal/textual) brasileira, nas últimas décadas.

Perante a multiplicidade das direções, das influências, todos estamos à *procura da síntese*: nossa síntese = nossa poesia.

Régis fez a escolha: o pacto demoníaco com as forças vivas do signo.

Se em poemas como *avolho* em *Bicho Papel*, acusa uma filiação de perplexidade com o concretismo, em outros momentos, aponta para novas direções e caminhos que a melhor "poesia" brasileira vai seguir, daqui para diante. A assimilação crítica e natural do contributo concreto: pensar construtivista, zelo pela novidade, como *quid* das mensagens estéticas, o *design* de linguagem.

Nisso, Régis não teve dúvidas. Não fez nenhuma concessão à literatura oficial. Não é pouco mérito, quando se tem 20 anos. Neste país, os jovens já nascem velhos. A ciência chama esse mal de "progéria". Régis não. Régis nasceu jovem. Nasceu com sua idade.

Seu primeiro pique já liga diretamente com o momento mais radical imediatamente anterior.

As bestas de todos os apocalipses podem falar em *epigonismo, diluição, cópia*.

Inveja.

As bestas não são capazes de produzir informação nova. E se protegem por trás de uma barreira de álibis e justificativas.

Poetas humanamente muito dignos como o Sr. Thiago de Melo, procuram o "humano" e acabam caindo no academicismo redundante e destituído de informação que, contrariando, o propósito do signatário, serve ao Sistema Literário, lado literário do Sistema, sócio-político econômico em que vivemos.

Régis aprendeu cedo (e bem) que a parte estava além. Ou aquém. Ao clássico *livro de versos* dos "18 anos", Bonvicino respondeu com um papel/bicho.

Papel: o elemento passivo. O pólo receptor. *Bicho*: o elemento ativo. O pólo emissor. Ying. Yang. O fecundado. O fecundante. A conciliação: síntese dos contrários.

Régis Hotel

Em relação a *Bicho Papel*, *Régis Hotel* já apresenta uma poesia mais pessoal, mais intransferível, *mais ela mesma*. Ainda há traços de Poesia Concreta, na poesia de Régis. Mas em adiantado estado de digestão. O concretismo, hoje, já é parte integrante da história da poesia brasileira. A influência exercida sobre tantos poetas, as diluições, tudo isso tirou – naturalmente – muito do caráter polêmico, problemático ou discutível da teoria e da prática concretistas. Quem, tem medo do concretismo, hoje? Seus recursos só assustam aos muitos atrasados. Já passamos do período de polarização do tipo *"só o concretismo é poesia"*, ou, *"concretismo não é poesia"*. É um repertório, um estoque de saques e piques, uma conquista definitiva: um momento que está lá, rico, forte, agindo, claro e radioativo.

Com o tempo, a **poesia de invenção** foi passando de "alta definição" (do concretismo da fase dita "heróica") para a "baixa definição" (tropicalismo), que vemos, hoje, em trabalhos como o de Régis. De invenção, aqui, quer dizer produtora de matrizes e de modelos.

Essa poesia de invenção mais recente tem partes com a música popular (tropicalismo), com o humor/cartum, com o coloquial. Foi uma passagem da literatura para outra coisa que a gente ainda não sabe bem o que é. Faz tempo em que a criação mais radical no terreno das palavras se processa fora disso que a sociedade (à esquerda e à direita) convencionou chamar "literatura". Os professores e os críticos, de modo geral não sabem como "apreciar", como "abordar" esses trabalhos. Na dúvida ficam com Ferreira Gullar.

Os trabalhos atuais e mais radicais é melhor colocá-los na geladeira com a tabuleta: POESIA EXPERIMENTAL/SUSPENDAM O JULGAMENTO. Como dizia, porém, Torquato Neto (um dos grandes da nova leva): "experimental, não. DE INVENÇÃO".

Existem ainda aqueles que condenam e rejeitam o experimental ou a invenção. Com eles é preciso ter paciência e teimosia. Como diz o provérbio ucraniano que Kruschev gostava de repitir: SÓ A COVA CONSERTA UMA CORCUNDA.

A poesia de *Régis Hotel* alinha na direção em que apontam, também, a poesia de gente como Torquato, Duda Machado (*Zil*), Alice Ruiz, Carlos Ávila. A direção para onde aponta as letras de Caetano etc.

Hóspedes do Régis Hotel

Muitos ventos, não apenas de "autores" mas também de outras áreas e artes, cruzam nesse *Hotel*. O momento mais alto do volume, duda veio, com um jeitão largado de letra de música, é também o mais pessoal e esconde, por trás de sua aparente facilidade, as sutilezas de malandragens de dicção, idéia, cadência e perícia de linguagem como não se vê por aí todo dia.

Os momentos menores são aqueles como a linguagem* onde a poesia não consegue superar o artifício, quando a poesia de invenção naufraga no maior perigo que a ameaça.

O importante é que Régis raramente repete soluções: cada poema deve ser um achado. Essa a sadia das lições. E atinge resultados como o poema-minuto são paulo, seta tupi apontando, criticamente, para a cidade de São Paulo. Aliás, a cidade está presente já na capa, uma foto-achado do poeta passando em frente de um hotel, de verdade, chamado "Régis"... E continuam aparecendo em textos como nhê e signal público* (fundação da cidade, com logotipo extraído de documento do século XVI). São Paulo esta presente, além do plano anedótico, na gana pelas linguagens industriais (o excelente pare*, um dos melhores, versos/foto, com fotorrimas), de massa (quadrinhos). Na preocupação com a modernidade. No clima superurbano que se respira em todo Hotel.

No encarte/prefácio, Régis define seu livro como uma "tentativa de pensar a função do poeta numa cidade industrial e cósmica". Para isso, é preciso pensar a própria poesia, sua natureza e seu alcance, coisa que ele faz em poemas como limina, o que há e poema gole. Uma das mais importantes tarefas de um poeta é refletir sobre a natureza da própria poesia. Alerta, Régis interroga os poemas-hóspedes do seu hotel, lugar de passagem. De trânsito. Cada um fala a verdade, a sua verdade? Quando eles seguirem viagem, que novos hóspedes virão?

Pólo Cultural, Curitiba, 18.5.1978,
Paulo Leminski

LÍRICA METÁLICA

Para dar a estes parágrafos a dimensão correta do depoimento pessoal, convém esclarecer, desde logo, que nunca compreendi exatamente o que é a poesia. Entre outras coisas, ela exige uma qualidade de abstração e de memória e, ao mesmo tempo, uma percepção material do que é apenas alusivo que estão fora do meu alcance.

A sensibilidade embrutecida da nossa época parece refratária, como um todo, à linguagem poética. Vivemos dentro de um filme qualquer, devoramos um romance policial, mas para compreender a poesia é preciso a disposição de ouvir uma terceira voz, que nos impõe o ritmo longínquo do seu enunciado, seus cacoetes e arbitrariedades.

É esse elemento intermediário, reflexivo-narrativo, que foi trucidado pela arte moderna. A rigor, o advento da arte moderna corresponde a uma transferência da função narrativa para formas novas, mais "quentes", como a fotografia e o cinema, fazendo das formas tradicionais enunciados que passam a girar em redor do seu próprio eixo.

A poesia vaga, desde então, como um fantasma dilacerado, ora prestes a evanescer numa sombra, numa ressonância ou paródia formal de seu antigo comando sobre as artes, ora desejosa de ressuscitar como manifestação direta das experiências de uma era metálica, competindo com as formas novas.

Cada poeta contemporâneo procura reagir a esse impasse aflitivo, seu estilo passa a ser a expressão particular dessa reação. Esta coletânea da fase inicial de Régis Bonvicino permite flagrar a estratégia do autor quando ela estava em formação, as soldas e as lacunas ainda visíveis, as influências expostas.

A cultura pop e a poesia concreta formam o quadro de referências mais explícitas destes primeiros poemas. Daí a brevidade, os jogos de palavras, a interação com elementos visuais e a imitação de uma atitude científico-industrial, marca registrada (não poderia ser este o título do volume?) da nossa época.

É uma poesia, a dos concretos e a deste autor que se declarava, com auto-ironia, "epígono sim", que extravasa para além dos limites da tradição poética (para a crítica, para a propaganda, para a computação, as artes gráficas e a música experimental), fugindo dela mesma. E que, num movimento simultâneo e complementar, implode nas fórmulas truncadas e na paixão probabilística.

Essa fachada, centrífuga e centrípeta, situa o autor ao mesmo tempo na mais cosmopolita das nossas fronteiras poéticas e no estuário de uma importante articulação nacional, que sintetiza de Oswald de Andrade à bossa-nova. Por detrás desse cânone, porém, entrevemos a presença fantasmática de uma lírica, sempre econômica e cortada por imagens "anti-poéticas", é verdade, mas que assume o primeiro plano nos poemas menos concisos.

Penso que é na área de fricção entre essa lírica estranhamente deslocada, melancólica, que reverbera por assim dizer nas paredes dos poemas, e a tradição do modernismo tal como reorganizado pela poesia concreta – que é nessa confluência crítica que a poesia de Régis Bonvicino alcança a sua manifestação mais extraordinária.

Há versos, como em "furta cor", de uma exatidão neutra e científica: "a cor que só acontece quando movimentos/cortam o ar/de certa forma e corre/a cor oca/por dentro". Outros em que uma espécie de lirismo em estado de desespero desfaz a imagem do poeta e desfaz o próprio poema, ao fazê-lo, como acontece em "vida, paixão e praga de rb", o meu preferido nesta seleção.

A percepção de que o poeta é uma figura deslocada, não porque vive em outra faixa de intensidade, como no passado, mas porque o chão lhe fugiu dos pés, porque não lhe dão ouvidos e se limitam a saudá-lo: "como vai, poeta?" – acho que essa percepção irônica, ainda quando combatente, é uma das origens da poesia de Régis Bonvicino.

Em trabalhos posteriores, a fusão dos dois elementos díspares que procuramos delinear, ganhou a inteireza que define tanto o poder de um poema como a plenitude do poeta. A procura de unidade entre o poema e a voz que o forma é, ainda assim, trabalho para toda uma vida. Meu palpite é que o caminho mais curto para Régis talvez seja o poema longo, em que a atenção interior é submetida a uma prova de resistência da qual não é possível se esquivar.

No teatro, é costume dizer que você faz uma peça com a finalidade de corrigir os erros da peça anterior. A mesma coisa acontece, provavelmente, na poesia. Posso imaginar quantos erros Régis encontra, ao republicar estes poemas; ele será tanto melhor poeta quanto mais severa e repressiva for a sua revisão.

Mas não há revisão que apague o incêndio das imagens, as passagens que levam adiante das palavras, o poderoso encantamento e a métrica subliminar de tantos trechos em que o leitor, desacostumado com a poesia adere incondicionalmente, outra vez, a ela. Pois está escrito que as melhores e piores coisas terão sido sempre as primeiras.

Otavio Frias Filho
março de 1995

COLEÇÃO SIGNOS

1. *Panaroma do Finnegans Wake*
   Augusto e Haroldo de Campos
2. *Mallarmé*
   Augusto de Campos, Décio Pignatari, Haroldo de Campos
3. *Prosa do Observatório*
   Julio Cortázar (Tradução de Davi Arrigucci Jr.)
4. *Xadrez de Estrelas*
   Haroldo de Campos
5. *Ka*
   Velimir Khlébnikov (Tradução de Aurora F. Bernardini)
6. *Verso Reverso Controverso*
   Augusto de Campos
7. *Signantia: Quasi Coelum / Signância: Quase Céu*
   Haroldo de Campos
8. *Dostoiévski: Prosa Poesia*
   Boris Schnaiderman
9. *Deus e o Diabo no Fausto de Goethe*
   Haroldo de Campos
10. *Maiakóvski – Poemas*
    Boris Schnaiderman, Augusto e Haroldo de Campos
11. *Osso a Osso*
    Vasko Popa (Tradução de Aleksandar Jovanovic)
12. *O Visto e o Imaginado*
    Affonso Ávila
13. *Qóhelet / O que Sabe – Poema Sapencial*
    Haroldo de Campos
14. *Rimbaud Livre*
    Augusto de Campos
15. *Nada Feito Nada*
    Frederico Barbosa
16. *Bere'shith – A Cena da Origem*
    Haroldo de Campos

17. *Despoesia*
    Augusto de Campos
18. *Primeiro Tempo*
    Régis Bonvicino

IMPRESSÃO:
BARTIRA GRÁFICA E EDITORA S/A
(011) 458 - 0255